baba - okul	2
baba - seyahat	5
dadadada - ulaşım	8
dadaba - şehir	10
dada - arazi	14
nom nom! - restoran	17
dada nom nom - süpermarket	20
dadababa - içecekler	22
nom nom! - yemek	23
dadaba - çiftlik	27
dadaba - ev	31
dadadada - oturma odası	33
bababa - mutfak	35
bababa - banyo	38
meina - çocuk odası	42
baba - kıyafet	44
baba - ofis	49
badada - ekonomi	51
ba - meslekler	53
dada - aletler	56
bababa - müzik enstrümanı	57
bababa - hayvanat bahçesi	59
ba - sporlar	62
dadadada - etkinlikler	63
dadababa - aile	67
dadababa - vücut	68
aua! - hastane	72
aua! - acil	76
dada - dünya	77
dada - saat	79
babadada - hafta	80
dadaba - yıl	81
dadababa - şekiller	83
dadababa - renkler	84
dadadada - zıt anlamlılar	85
dadaba - sayılar	88
dadadada - diller	90
da / da / da - kim / ne / nasıl	91
babababa - nerede	92

AF194758

Impressum
Verlag: BABADADA GmbH, Nedderfeld 112 , 22529 Hamburg
Geschäftsführer / Verlagsleitung: Harald Hof
Druck: Books on Demand GmbH, In de Tarpen 42, 22848 Norderstedt

Imprint
Publisher: BABADADA GmbH, Nedderfeld 112 , 22529 Hamburg, Germany
Managing Director / Publishing direction: Harald Hof
Print: Books on Demand GmbH, In de Tarpen 42, 22848 Norderstedt

baba
okul

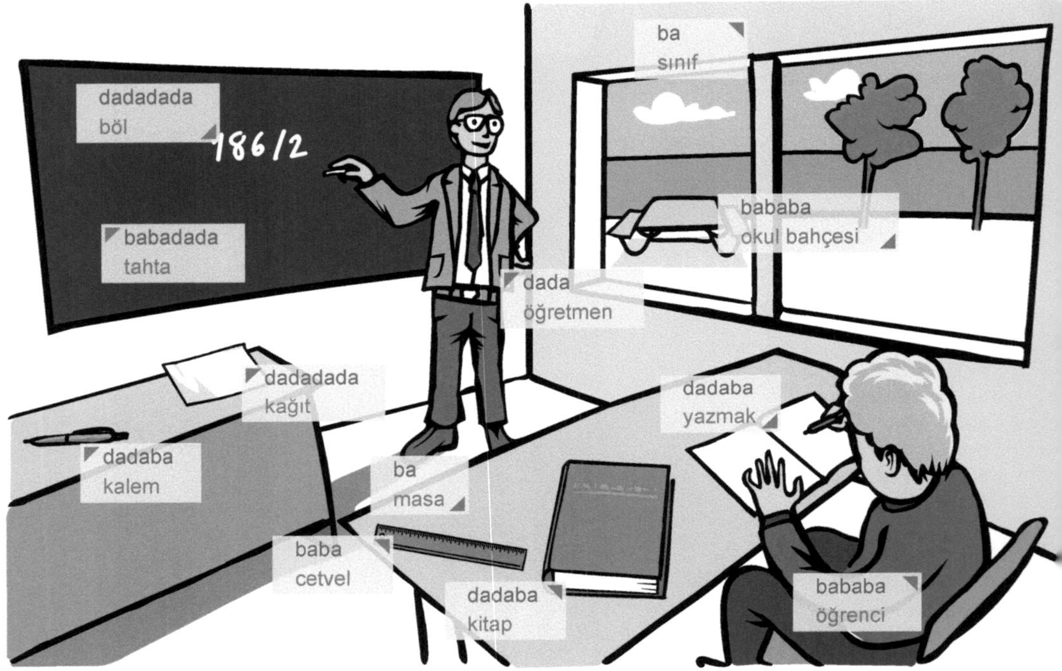
ba
sınıf
dadadada
böl
186/2
bababa
okul bahçesi
babadada
tahta
dada
öğretmen
dadadada
kağıt
dadaba
yazmak
dadaba
kalem
ba
masa
baba
cetvel
dadaba
kitap
bababa
öğrenci

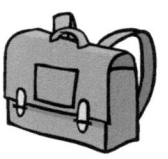

dadaba
okul çantası

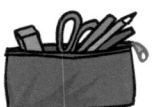

dada
kalemlik

bababa
kurşun kalem

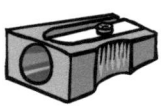

dadaba
kalem açacağı

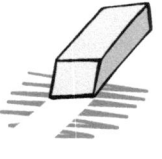

baba
silgi

ba
çizim defteri

bababa

çizim

ba

resim fırçası

dada

boya kutusu

babadada

makas

dadaba

tutkal

dadadada

alıştırma kitabı

babadada

ödev

bababa

sayı

dadaba

ekle

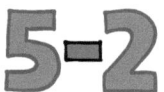

bababa

çıkar

badada

çarp

dadababa

hesapla

bababababa

harf

bababababa

alfabe

dada

kelime

babadada

metin

dadadada

okumak

dada

tebeşir

bababab

ders

ba

kayıt

baba

sınav

bababab

sertifika

babadada

okul forması

bababab

eğitim

dadababa

ansiklopedi

bababab

üniversite

dadababa

mikroskop

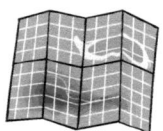

bababa

harita

babadada

kağıt çöp kutusu

baba
seyahat

babadada
otel
Grand
dadaba
pansiyon
ROOMS
dadadada
döviz bürosu
EXCHANGE
dada
bavul
ado
otomobil

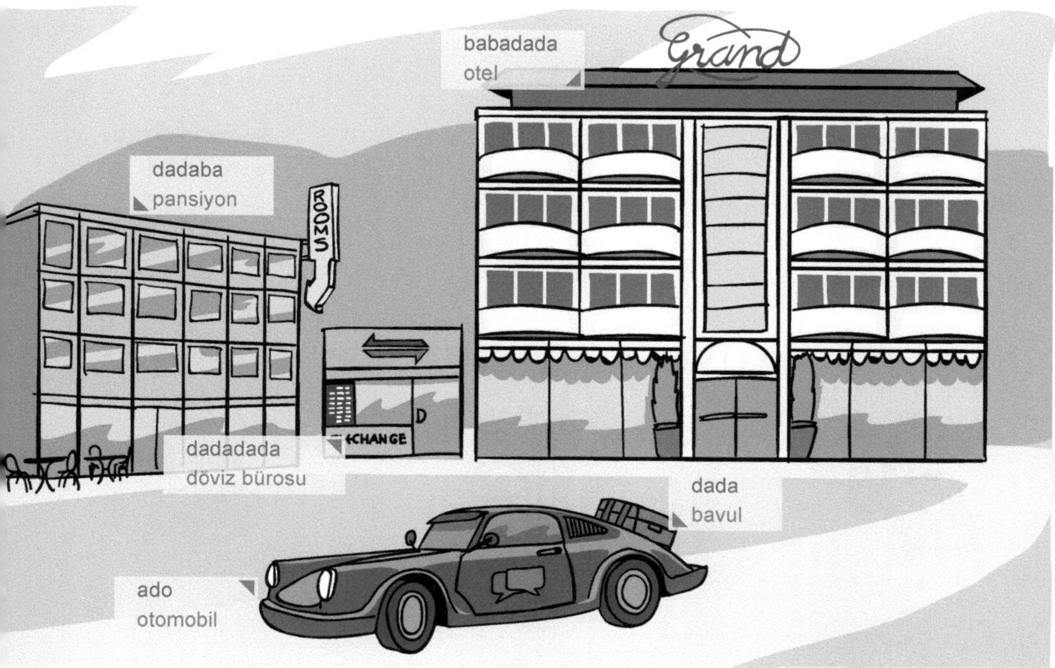

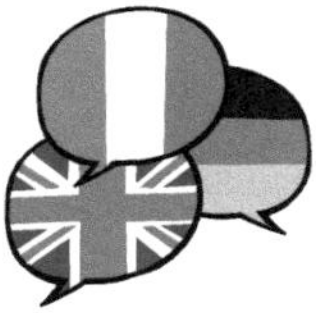

dadadada

dil

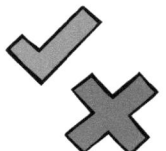

da / meh

evet / hayır

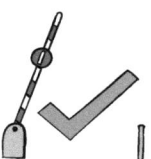

Oh

Tamam

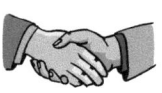

ba

merhaba

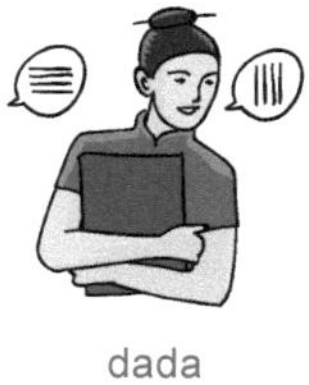

dada

çevirmen

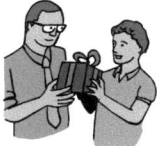

dada

Teşekkür ederim

bababa

bu ... ne kadar?

ah

anlamadım

dadaba

problem

ba dada

İyi akşamlar!

babadada

Günaydın!

heia!

İyi geceler!

dadaba

güle güle

badada

yön

dada

bagaj

bababa

çanta

bababa

sırt çantası

baba

misafir

dadadada

oda

dadadada

uyku tulumu

dada

çadır

dadadada

turist danışma

badada

sahil

babadada

kredi kartı

dadababa

kahvaltı

baba

öğle yemeği

bababa

akşam yemeği

dada

Bilet

dada

asansör

babadada

pul

badada

sınır

dadaba

gümrük

babadada

elçilik

dadaba

vize

dada da da da

pasaport

dadadada
ulaşım

baba
uçak

dada
gemi

baba
yangın söndürme pompası

babababa
otobüs

bababa
kamyon

dada
motorlu tekne

dadadada
bisiklet

ado
otomobil

babadada

feribot

baba

bot

bababa

motosiklet

ado

polis arabası

ado

yarış arabası

auto

kiralık araba

dada

ortak araba

ado

çekici

ado

çöp kamyonu

brumbrum!

motor

bababa

yakıt

dada

benzinlik

dadaba

trafik işareti

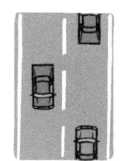

badada

trafik

ado ado

trafik sıkışıklığı

babadada

otopark

babababa

tren istasyonu

dada

ray

dadaba

tren

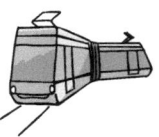

baba

tramvay

dadaba

vagon

baba
....
helikopter

baba
....
havaalanı

dadaba
....
kule

baba
....
yolcu

badada
....
konteyner

dada
....
koli

baba
....
yük arabası

dadadada
....
sepet

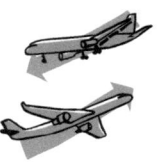

da / bada
....
kalkış / iniş

dadaba
şehir

bababa
....
köy

dadababa
....
şehir merkezi

dadaba
....
ev

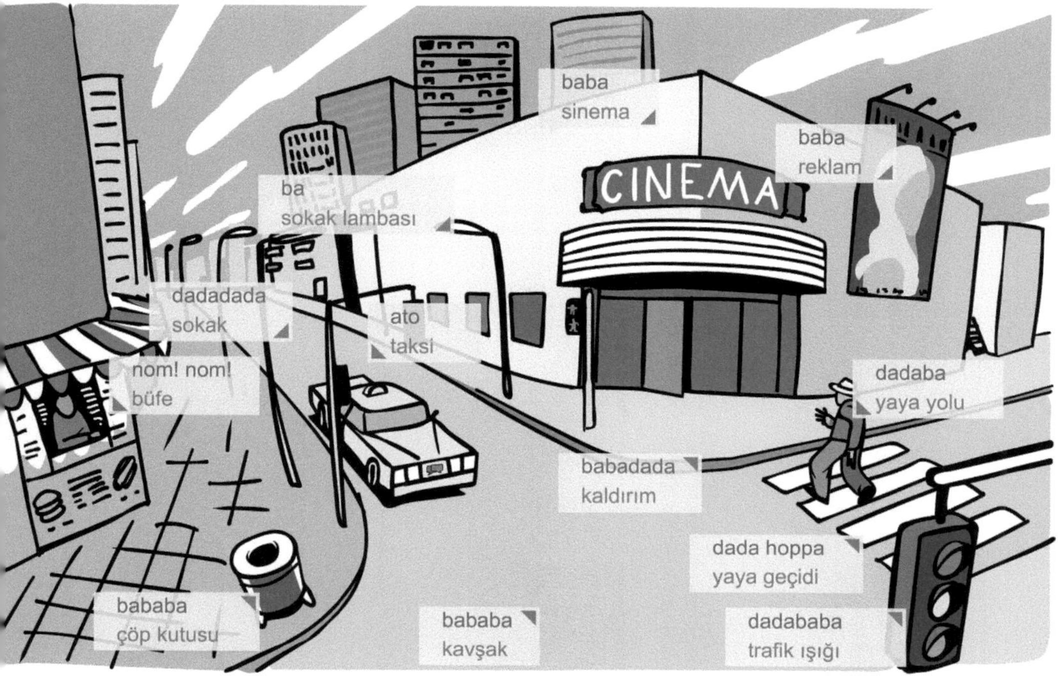
baba
sinema
baba
reklam
ba
sokak lambası
CINEMA
dadadada
sokak
ato
taksi
nom! nom!
büfe
dadaba
yaya yolu
babadada
kaldırım
dada hoppa
yaya geçidi
bababa
çöp kutusu
bababa
kavşak
dadababa
trafik ışığı

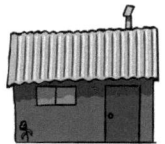

babadada

kulübe

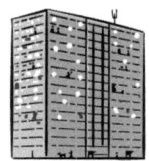

dadadada

apartman dairesi

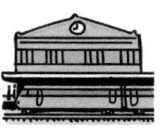

babababa

tren istasyonu

dadaba

belediye binası

MUSEUM

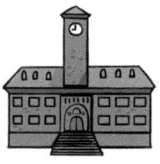

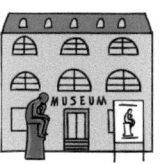

bababa

müze

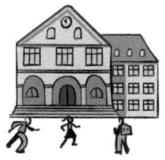

baba

okul

bababab a
üniversite

dadadada
banka

aua!
hastane

babadada
otel

aua!
eczane

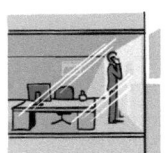

baba
ofis

bababa
kitapçı

ba
mağaza

dadaba
çiçekçi

dada nom nom
süpermarket

dadadada
market

dadadada
büyük mağaza

nom! nom!
balık satıcısı

baba
alışveriş merkezi

ba
liman

dadadada
park

baba
bank

babababa
köprü

dadadada
merdiven

bababa
metro

baba
tünel

ba
otobüs durağı

babababa
bar

nom nom!
restoran

dadaba
posta kutusu

dada
sokak tabelası

baba
otopark sayacı

bababa
hayvanat bahçesi

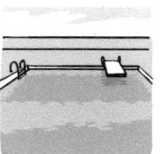

dada
yüzme havuzu

baba
cami

dadaba
çiftlik

dadababa
kirlilik

bababa
mezarlık

ba
kilise

dadababa
oyun alanı

bababa
tapınak

dada
arazi

baba
yaprak

baba
yön tabelası

dada
yol

bababa
çayır

baba
taş

dadababa
ağaç

dada
yürüyüşçü

bababa
ırmak

dada
çimen

mama!
çiçek

dada - arazi

badada
vadi

bababa
tepe

dadadada
göl

dadadada
orman

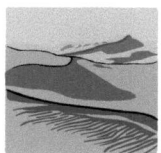

dadababa
çöl

dadaba
volkan

babababa
kale

dadaba
gökkuşağı

bababa
mantar

dadababa
palmiye

aua!
sivrisinek

badada
sinek

dadababa
karınca

summ summ
arı

dada
örümcek

dada - arazi

dadaba

böcek

quak

kurbağa

dadababa

sincap

dadaba

kirpi

baba

yabani tavşan

gackgack

baykuş

gackgack

kuş

gackgack

kuğu

babadada

yaban domuzu

dadadada

geyik

dadadada

geyik

dadadada

baraj

ba

rüzgar türbini

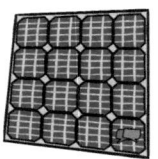

dadadada

güneş paneli

bababa

iklim

dadadada
garson

baba
menü

dadaba
sandalye

nom! nom!
çorba

nom nom!
pizza

bababa
masa örtüsü

ba
çatal - bıçak

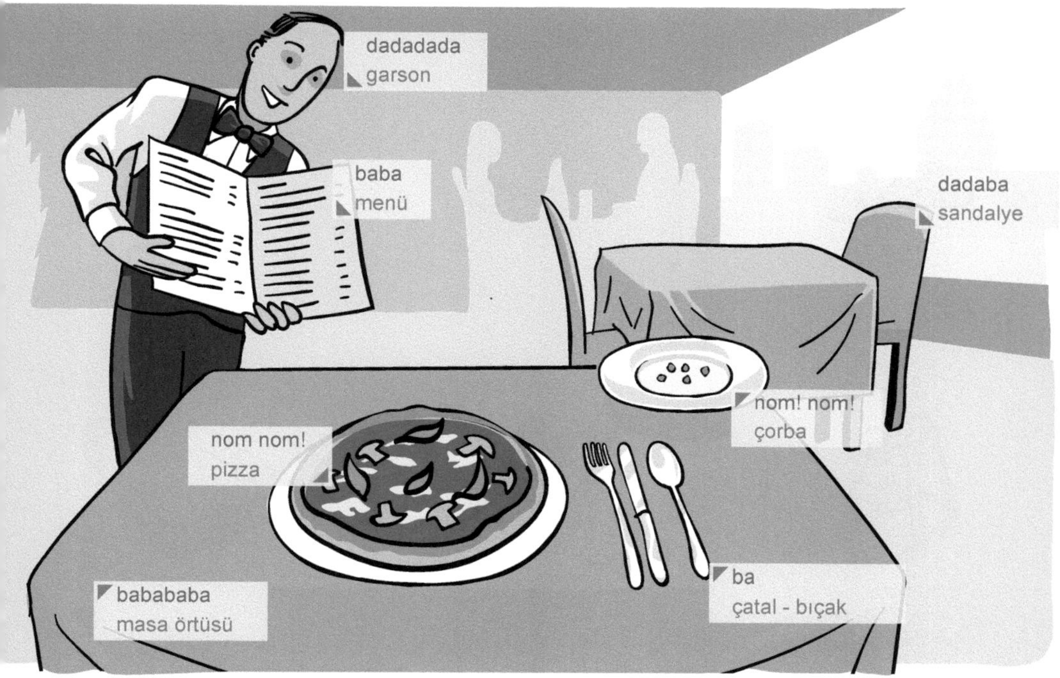

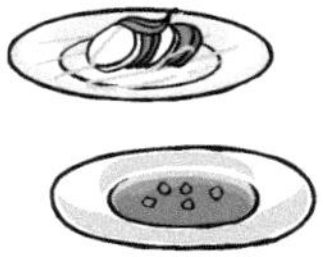

nom! nom!

başlangıç

nom! nom!

ana yemek

nom nom!

tatlı

dadababa

içecekler

nom nom!

yemek

nom nom!

şişe

nom! nom!

fastfood

nom! nom!

sokak yemeği

babababa

çaydanlık

nom! nom!

şekerlik

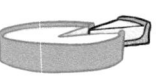

nom nom!

porsiyon

dadaba

espresso makinesi

bababa

mama sandalyesi

ba

fatura

bababa

tepsi

ba

bıçak

babadada

çatal

dadaba

kaşık

bababa

çay kaşığı

dadaba

servis peçetesi

ba

bardak

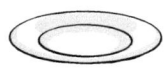

nom nom!

tabak

bababa

çorba kasesi

bababa

fincan altlığı

nom! nom!

sos

dadadada

tuzluk

dadaba

karabiber değirmeni

bähbäh

sirke

dadababa

yağ

dadababa

baharat

nom! nom!

ketçap

nom! nom!

hardal

nom nom!

mayonez

dada nom nom
süpermarket

dadababa
özel teklif
FOR
dadaba
müşteri
dadaba
süt ürünleri
nom nom!
meyve
baba
alışveriş arabası

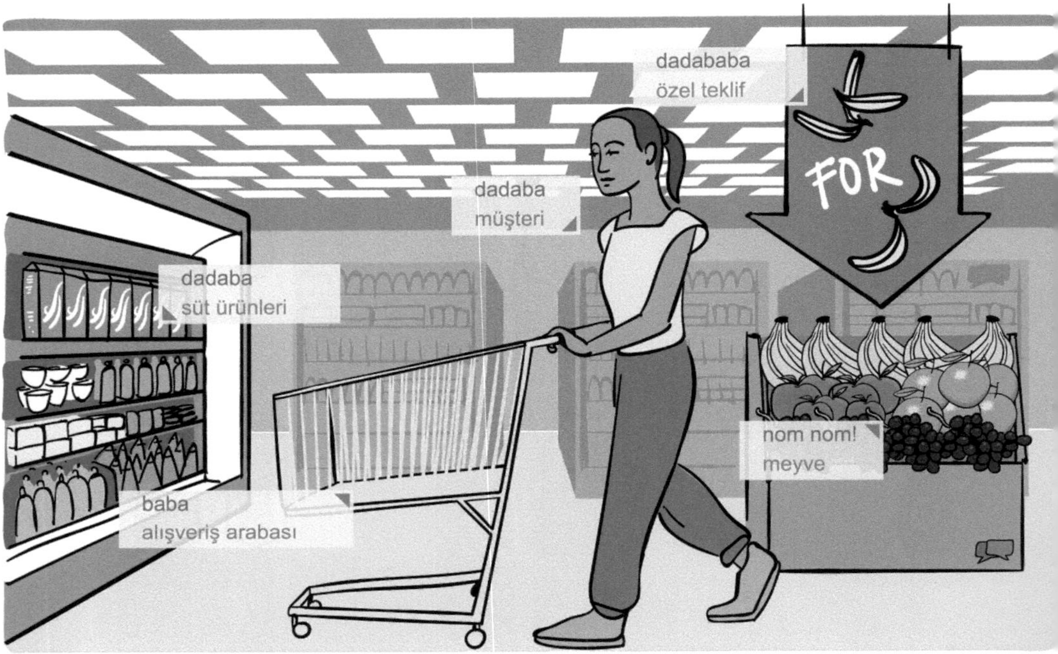

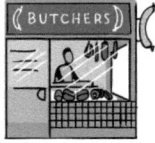

BUTCHERS

dadaba

kasap

BAKERY

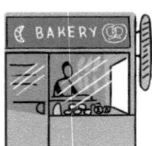

nom! nom!

fırın

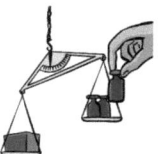

bababa

tartmak

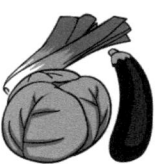

bähbäh

sebze

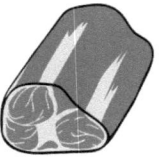

nom nom!

et

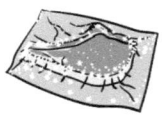

nomnom

donmuş gıda

nom nom!

söğüş et

nomnom

konserve yiyecek

bababa

toz deterjan

baba

şekerlemeler

dadaba

ev temizlik ürünleri

dadababa

temizlik ürünleri

bababa

satış görevlisi

bababa

yazar kasa

dadaba

kasiyer

dada

alışveriş listesi

dadababa

açılış saatleri

baba

cüzdan

babadada

kredi kartı

dadababa

çanta

dadababa

plastik poşet

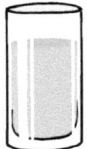

wasa

su

dadadada

meyve suyu

badada

süt

ba

kola

bababa

şarap

dadadada

bira

dadaba

alkol

bababa

kakao

dadababa

çay

dada

kahve

dadaba

espresso

dadababa

kapuçino

nane
- - - - - - - - -
muz

nom nom!
- - - - - - - - -
elma

bababa
- - - - - - - - -
portakal

nom nom!
- - - - - - - - -
kavun

nom nom!
- - - - - - - - -
limon

bähbäh
- - - - - - - - -
havuç

bada meh
- - - - - - - - -
sarımsak

dadaba
- - - - - - - - -
bambu

dadaba
- - - - - - - - -
soğan

nom nom!
- - - - - - - - -
mantar

nom nom!
- - - - - - - - -
çerez

nom nom!
- - - - - - - - -
makarna

nom nom!

spagetti

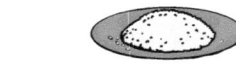

nom nom!

pirinç

nom nom!

salata

nom nom!

cips

nom nom!

patates kızartması

nom nom!

pizza

nom nom!

hamburger

nom nom!

sandviç

nom nom!

şinitzel

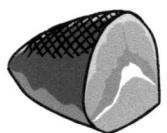

nom nom!

pastırma

nom nom!

salam

nom nom!

sosis

gack gack

tavuk

nom nom!

rosto

nom nom!

balık

nom nom!

yulaf ezmesi

bähbäh

müsli

nom nom!

mısır gevreği

nom nom!

un

nom nom!

kruvasan

babadada

küçük ekmek

nom! nom!

ekmek

nom nom!

tost

nom nom!

bisküvi

nom nom!

tereyağı

nom nom!

kaymak

nom nom

kek

dadaba

yumurta

nom nom!

sahanda yumurta

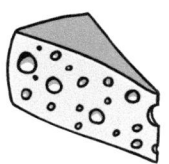

bada muh

peynir

nom nom!

dondurma

nom nom!

şeker

baba summ

bal

nom nom!

reçel

nom nom!

fındık ezmesi

babadada

köri

dadaba
çiftlik

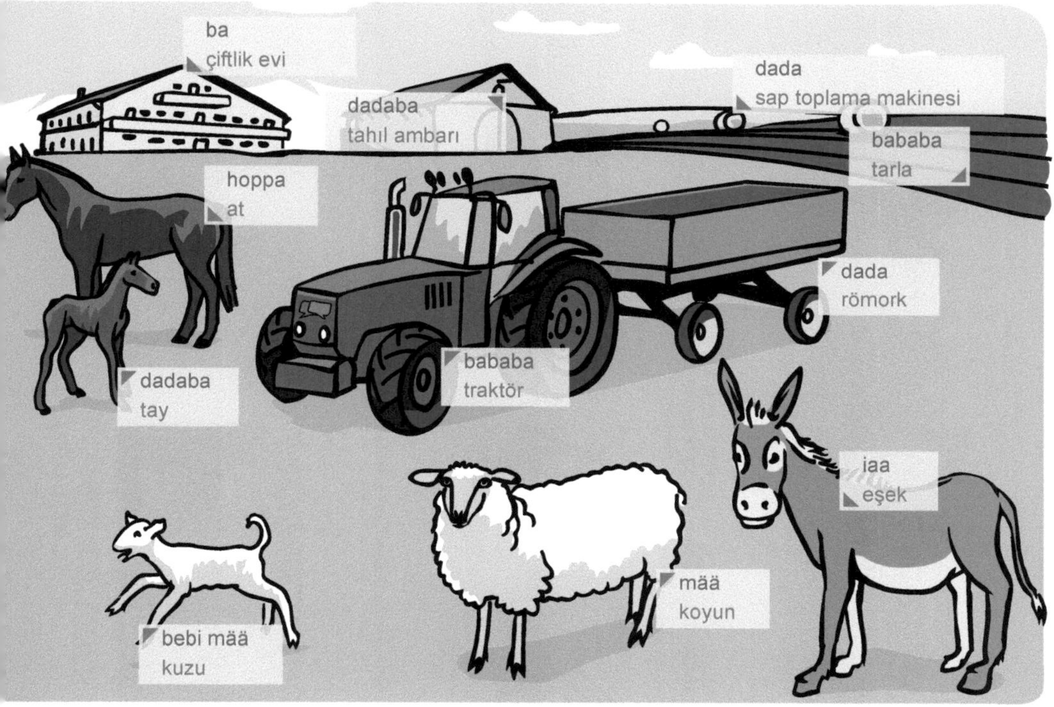

ba
çiftlik evi
dadaba
tahıl ambarı
dada
sap toplama makinesi
bababa
tarla
hoppa
at
dada
römork
bababa
traktör
dadaba
tay
iaa
eşek
mää
koyun
bebi mää
kuzu

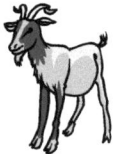

baba

keçi

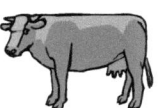

muh

inek

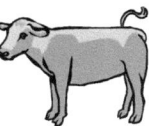

mimuh

buzağı

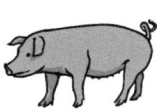

mama oink

domuz

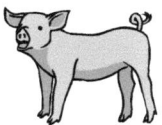

oink

domuz yavrusu

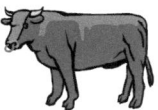

dadadada

boğa

gackgack

kaz

gackquack

ördek

gacki

civciv

gackgack

tavuk

gacko

horoz

dada

sıçan

mau

kedi

bababa

fare

muh

öküz

wauwau

köpek

wauwau

köpek kulübesi

baba

bahçe hortumu

dadababa

sulama kabı

baba

tırpan

dadababa

pulluk

baba
orak

dadadada
çapa

dada
dirgen

bababa
balta

babababa
el arabası

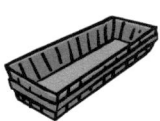

baba
yemlik

dada muh
süt kovası

dadababa
çuval

badada
çit

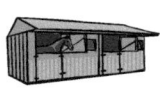

dadadada
ahır

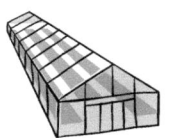

ba
sera

babadada
toprak

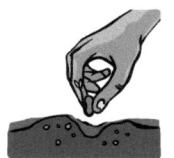

baba
tohum

baba
gübre

dadababa
biçerdöver

bababa

hasat etmek

dadadada

harman

dadaba

tatlı patates

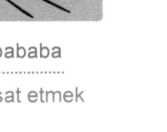

dadababa

buğday

dadababa

soya

bababa

patates

badada

mısır

bababa

kolza

bababa

meyve ağacı

dadadada

manyok

dadababa

hububat

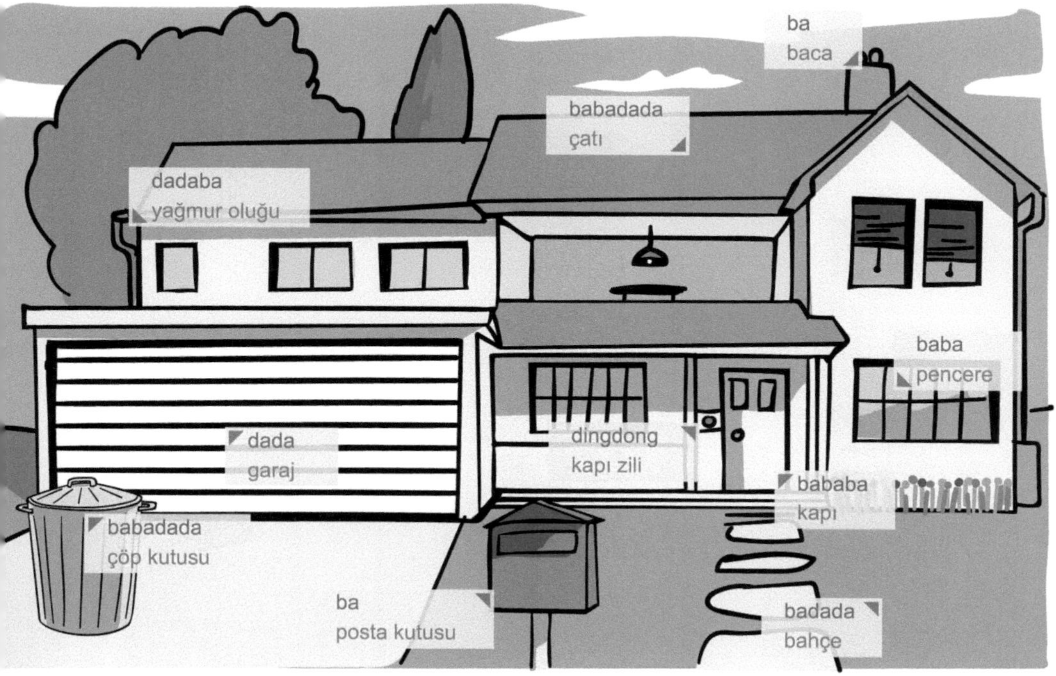

ba
baca

babadada
çatı

dadaba
yağmur oluğu

baba
pencere

dada
garaj

dingdong
kapı zili

bababa
kapı

babadada
çöp kutusu

ba
posta kutusu

badada
bahçe

dadadada
oturma odası

bababa
banyo

bababa
mutfak

dadababa
yatak odası

meina
çocuk odası

dadaba
yemek odası

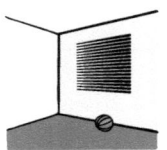

badada

zemin

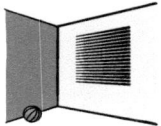

dadababa

duvar

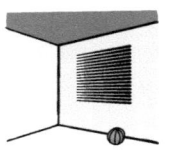

bababa

tavan

dada

kiler

dadababa

sauna

babababa

balkon

dadadada

teras

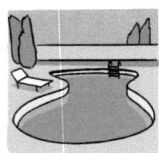

bababa

havuz

baba

çim biçme makinesi

dadaba

çarşaf

babadada

yatak örtüsü

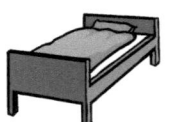

heia!

yatak

dada

süpürge

dadaba

kova

dadababa

anahtar

dadadada
oturma odası

dadadada
duvar kağıdı
badada
resim
badada
lamba
dadadada
raf
ba
dolap
dada gucki
televizyon
dadababa
şömine
mama!
çiçek
baba
minder
dada
kanepe
dadaba
vazo
baba
uzaktan kumanda

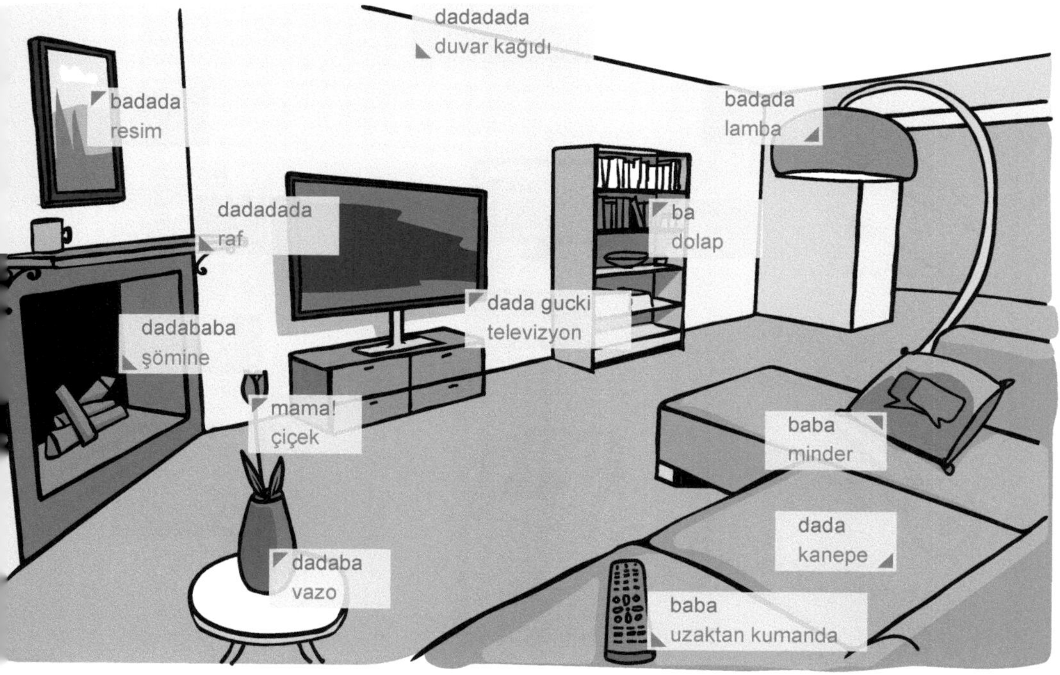

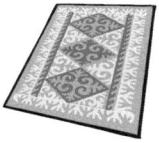

dada
halı

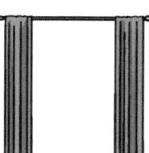

bababa
perde

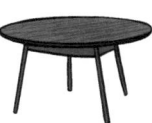

ba
masa

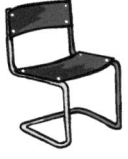

dadaba
sandalye

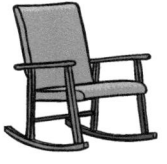

dadadada
salıncaklı koltuk

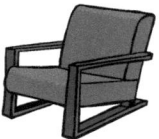

bababa
koltuk

dadaba

kitap

dadadada

battaniye

dadaba

dekor

ba

odun

dadadada

film

lala

hi-fi

babadada

anahtar

dadadada

gazete

dadadada

tablo

bababa

poster

lala

radyo

dadababa

defter

babadada

elektrikli süpürge

aua!

kaktüs

babadada

mum

bababa
mutfak

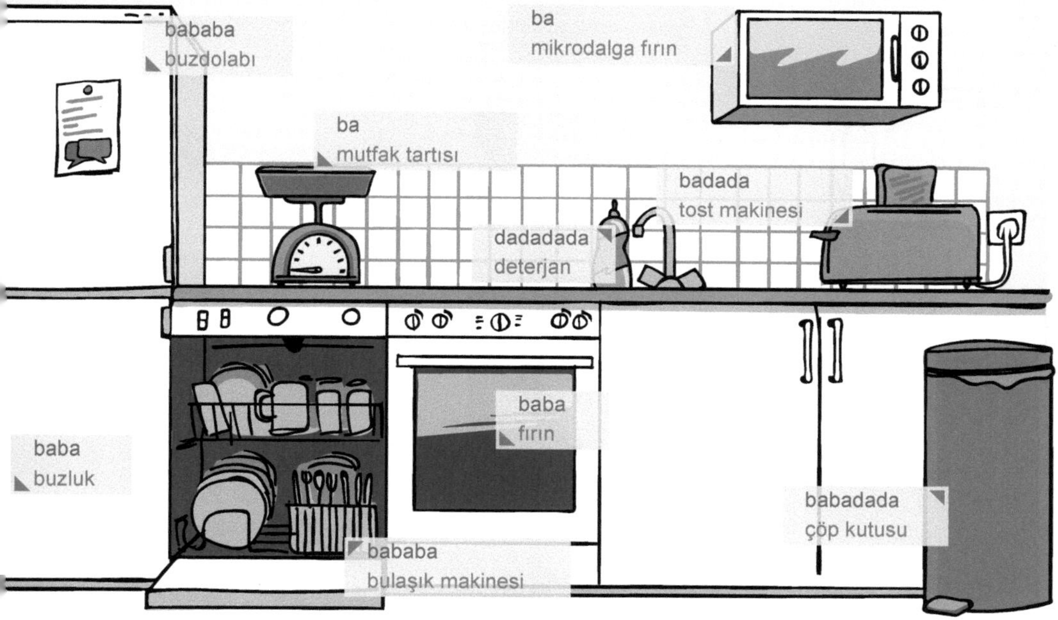
bababa
buzdolabı
ba
mikrodalga fırın
ba
mutfak tartısı
badada
tost makinesi
dadadada
deterjan
baba
fırın
baba
buzluk
babadada
çöp kutusu
bababa
bulaşık makinesi

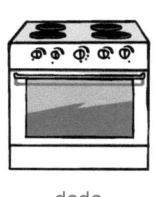

dada
ocak

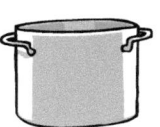

dada
tencere

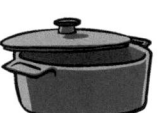

dada
döküm tencere

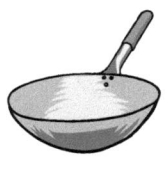

baba / dada
wok

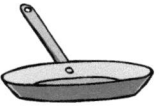

badada
tava

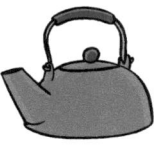

ba
su ısıtıcı

dadababa

buharlı pişirici

bababa

pişirme tepsisi

dadaba

tabak takımı

dadadada

kupa

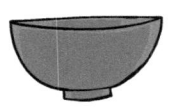

dadaba

kase

baba

çubuk (çin yemeği)

dadaba

kepçe

dadadada

spatula

badada

çırpma teli

dada

süzgeç

bababa

elek

baba

rende

dadababa

havan

dada

barbekü

aua!

açık ateş

dadababa

kesme tahtası

babababa

merdane

dadababa

tirbüşon

dadadada

konserve kutusu

bababa

konserve açacağı

dadababa

fırın eldiveni

dadadada

evye

dadababa

fırça

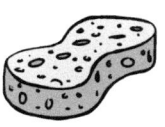

ba

sünger

aua!

blender

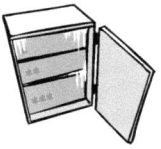

babadada

derin dondurucu

bababa

biberon

dadadada

musluk

bababa
banyo

bababa
duş
babadada
ısıtma
ba
havlu
babababa
duş perdesi
wasa
köpük banyosu
baba
küvet
ba
bardak
baba
çamaşır makinesi
dadadada
musluk
badada
fayans
kaka
lazımlık
dadadada
evye

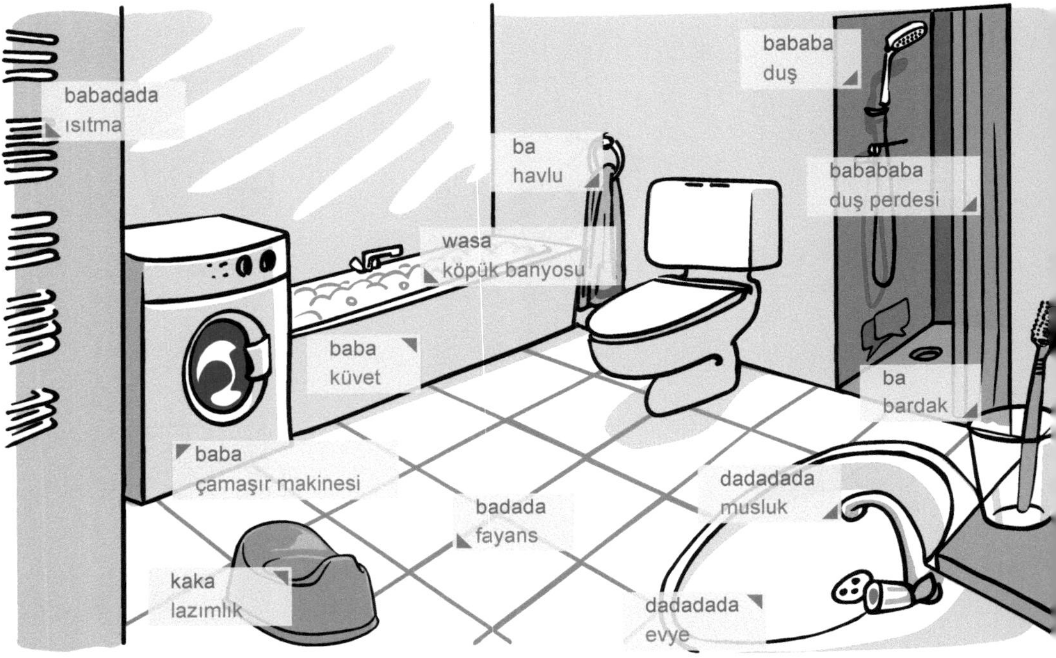

kaka
tuvalet

ba
alaturka tuvalet

dadababa
bide

dadababa
pisuvar

kaka
tuvalet kağıdı

bababa
tuvalet fırçası

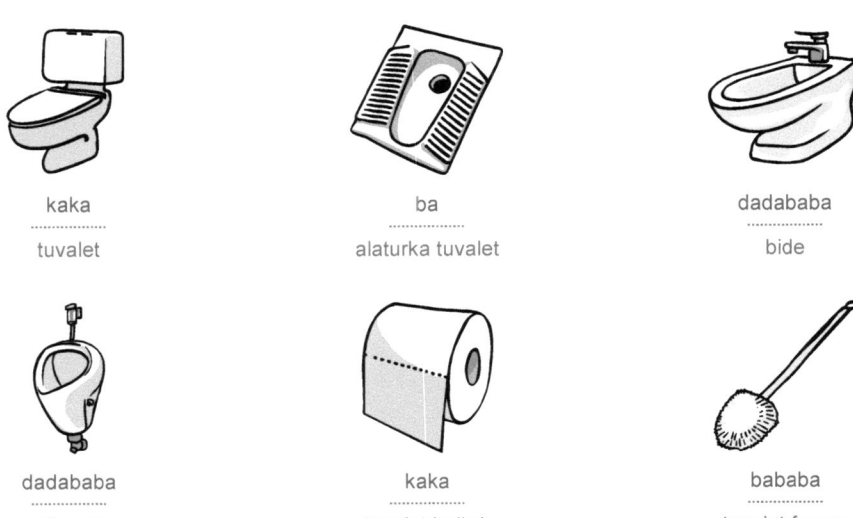

bababa

diş fırçası

nom! nom!

diş macunu

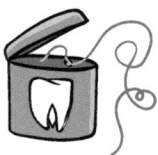

dadadada

diş ipi

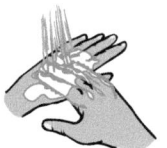

bababa

yıkamak

babababa

duş başlığı

dadadada

duş başlığı şeklinde taharet musluğu

badada

küvet

dadadada

banyo fırçası

nom! nom!

sabun

nom! nom!

duş jeli

nom! nom!

şampuan

babadada

banyo lifi

dadaba

gider

nom! nom!

krem

babababa

deodorant

dadadada

ayna

dadadada

el aynası

ba

jilet

nom! nom!

tıraş köpüğü

nam! nam!

tıraş losyonu

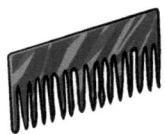

dadababa

tarak

baba

fırça

dadadada

saç kurutma makinesi

badada

saç spreyi

dadaba

makyaj

mama!

ruj

ba

tırnak cilası

bababa

pamuk

dadadada

tırnak makası

bababa

parfüm

dadadada

makyaj çantası

bababa

tabure

dadadada

tartı

ba

bornoz

babababa

lastik eldiven

ba

tampon

bababa

kadın pedi

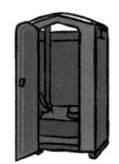

baba

kimyevi tuvalet

meina

çocuk odası

bababa
çalar saat
bababa
peluş oyuncak
auto
oyuncak araba
dadadada
çıngırak
bababa
bebek evi
babababa
hediye

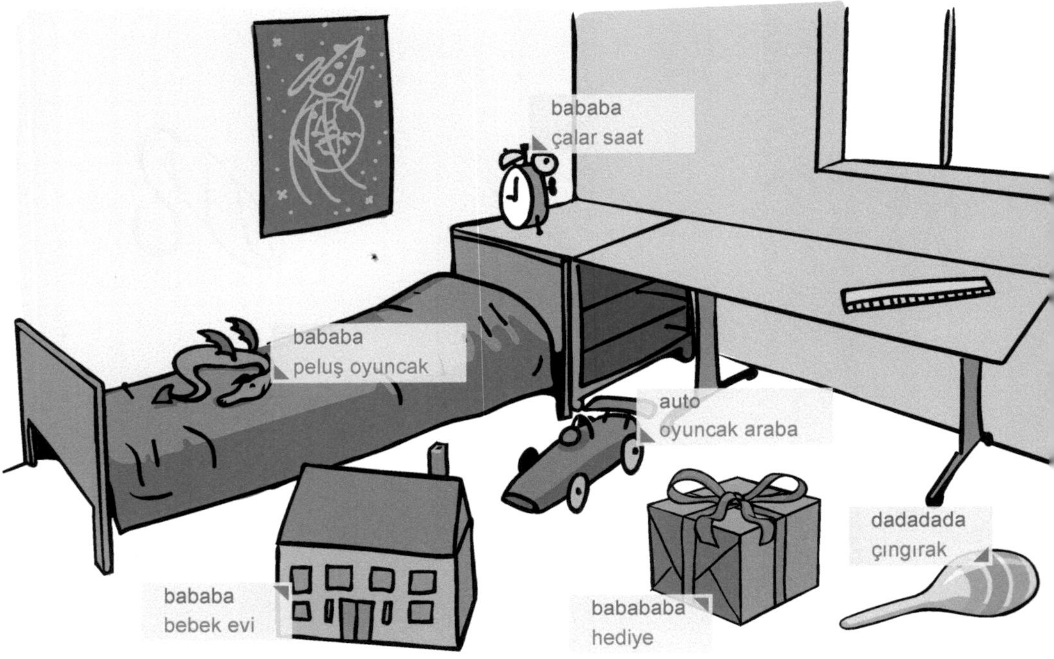

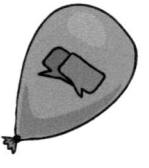

dadadada

balon

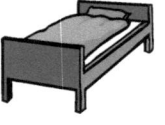

heia!

yatak

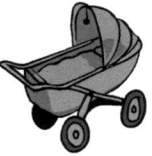

dadaba

bebek arabası

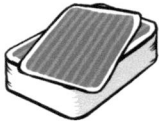

dadababa

kart destesi

bababa

yapboz

SUPER MEGA

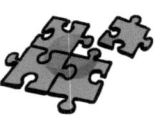

dadababa

çizgi roman

badada

lego tuğlaları

badada

lego blokları

dada

aksiyon figürü

dadadada

zıbın

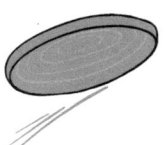

dadaba

frizbi

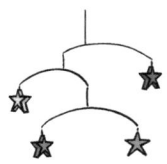

dadaba

dönence

ba

masa oyunu

baba

zar

dadababa

model tren seti

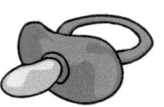

lula

emzik

baba

parti

dadaba

resimli kitap

dada

top

dada

oyuncak bebek

badada

oynamak

dadaba

kum havuzu

babababa

salıncak

dadababa

oyuncaklar

dadaba

video oyun konsolu

babadada

üç tekerlekli bisiklet

dadababa

oyuncak ayı

dadaba

gardırop

baba

kıyafet

dadadada

çorap

ba

külotlu çorap

dada

tayt

bababa
eşarp

dadababa
kemer

bababa
şemsiye

badada
tişört

ba
spor ayakkabı

baba
bot

baba
terlik

bababa
....
sandalet

badada
....
ayakkabı

dada
....
lastik çizme

ba
....
külot

baba
....
sütyen

dadadada
....
yelek

badada

dar bluz

ba

pantolon

bababa

kot pantolon

dada

etek

bababa

bluz

dadadada

gömlek

baba

kazak

baba

süveter

babadada

blazer

baba

ceket

bababa

mont

dadababa

yağmurluk

bababa

kostüm

ba

elbise

dadaba

gelinlik

baba - kıyafet

dadadada
takım elbise

babababa
gecelik

heia
pijama

baba
sari

dadadada
baş örtüsü

dada
türban

dada
burka

baba
kaftan

dadadada
çarşaf

wasa
mayo

bababa
erkek mayosu

dadababa
şort

bababababa
eşofman

baba
önlük

babababa
eldiven

dadaba

düğme

babadada

gözlük

dada

bilezik

dadababa

kolye

bababa

yüzük

dadababa

küpe

dada

kep

babadada

portmanto

dadababa

şapka

bababa

kravat

badada

fermuar

dadaba

kask

dada

pantolon askısı

babadada

okul forması

babababa

üniforma

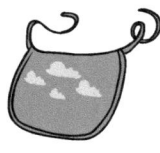

namnam

mama önlüğü

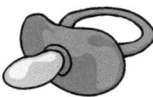

lula

emzik

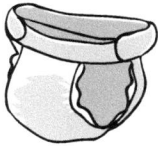

kaka!

bebek bezi

baba

ofis

dadaba
sunucu
dadababa
dosya dolabı
badada
yazıcı
dadadada
kağıt
dadadada
monitör
baba
fare
ba
masa
dadaba
klasör
dada
klavye
babadada
kağıt çöp kutusu
dada
bilgisayar
bababa
sandalye

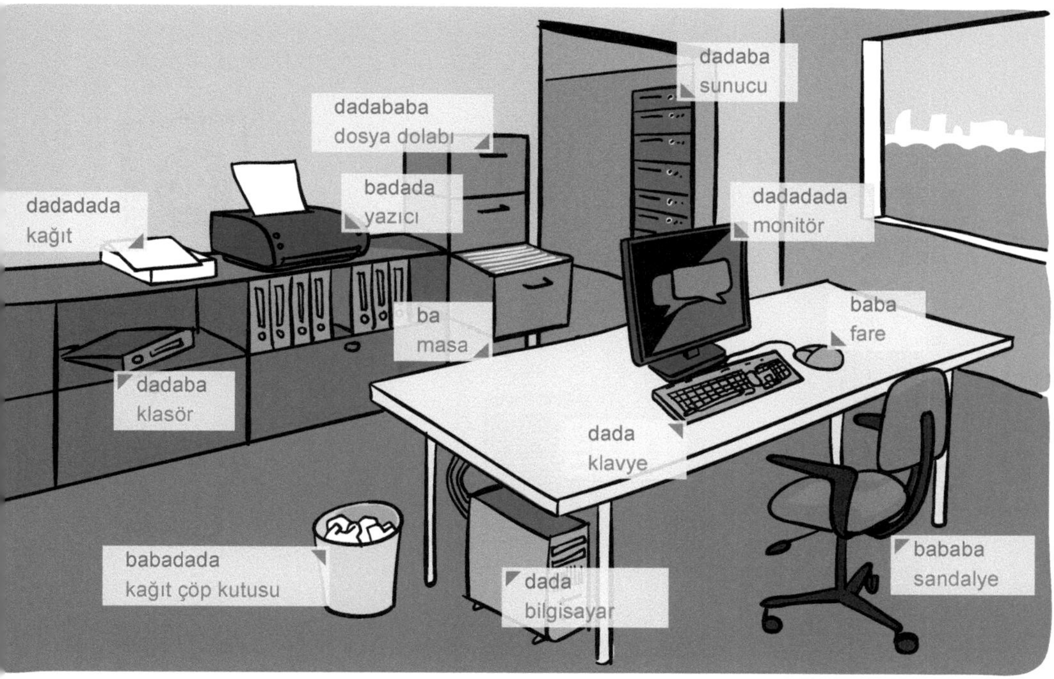

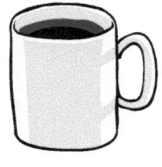

dada

kahve fincanı

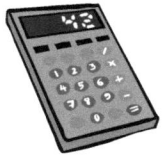

bababa

hesap makinesi

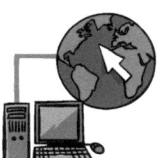

da da

internet

papa!

dizüstü

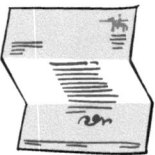

dadababa

mektup

ba

mesaj

fon

cep telefonu

bababa

ağ

ba

fotokopi makinesi

bababa

yazılım

dada bing

telefon

aua!

priz

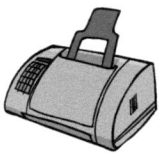

bababa

faks makinesi

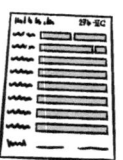

dadaba

form

bababa

belge

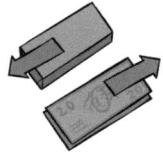

baba
....
satın almak

dadadada
....
ödemek

dadaba
....
ticaret yapmak

badada
....
para

babadada
....
dolar

dadaba
....
avro

bababa
....
yen

ba
....
ruble

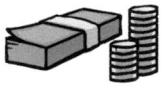

dada
....
İsviçre frangı

dada
....
Çin yuanı

ba
....
rupi

ba
....
kasa

dadadada

döviz bürosu

dadadada

altın

baba

gümüş

dadadada

petrol

ba

enerji

dadadada

fiyat

baba

kontrat

bababa

vergi

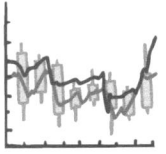

dadadada

menkul değer

dadaba

çalışmak

dadadada

işveren

dadababa

işçi

dadaba

fabrika

ba

mağaza

meslekler

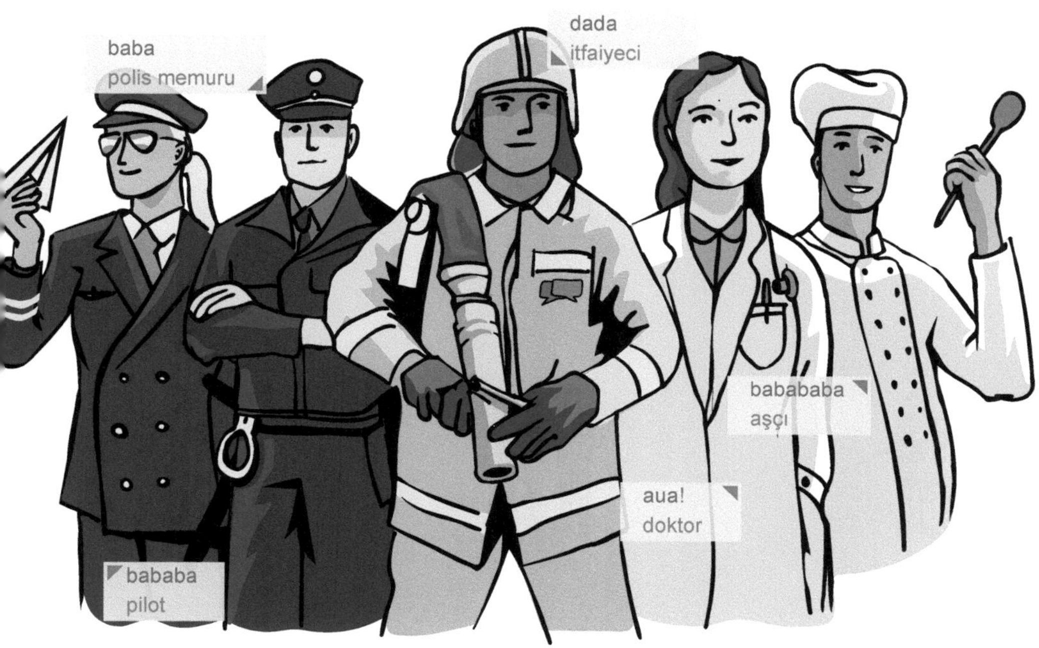
baba
polis memuru
dada
itfaiyeci
babababa
aşçı
aua!
doktor
bababa
pilot

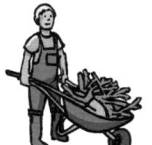

bababa

bahçıvan

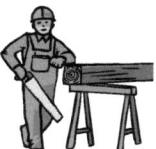

bababa

marangoz

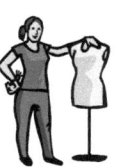

baba

terzi

bababa

hakim

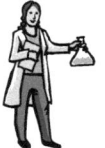

dadaba

kimyager

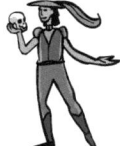

dadababa

aktör

ba
....
otobüs şoförü

auto mann
....
taksi şoförü

bababa
....
balıkçı

dadadada
....
temizlikçi

dadadada
....
çatı ustası

dadadada
....
garson

badada
....
avcı

dadadada
....
boyacı

dadababa
....
fırıncı

papa!
....
elektrikçi

babababa
....
inşaatçı

bababa
....
mühendis

dadababa
....
kasap

dadadada
....
muslukçu

bababa
....
postacı

dadadada

asker

ba

mimar

dadaba

kasiyer

bababa

çiçekçi

babadada

kuaför

bababa

kondüktör

dadaba

tamirci

dada

kaptan

badada

dişçi

ba

bilim insanı

bababa

haham

dadaba

imam

dada

keşiş

dadadada

rahip

dada
aletler

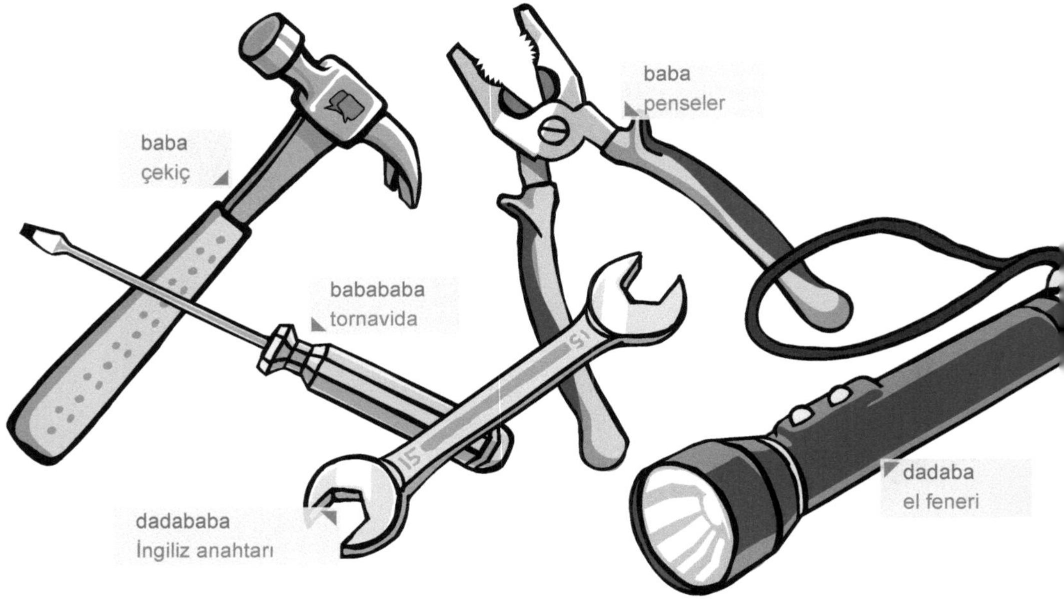

baba
penseler
baba
çekiç
babababa
tornavida
dadababa
İngiliz anahtarı
dadaba
el feneri

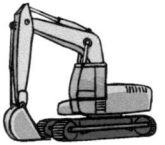

dadaba

kazı makinesi

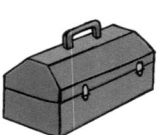

baba

alet çantası

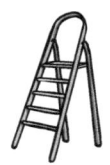

babababa

merdiven

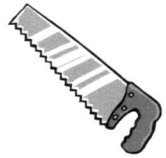

dadaba

testere

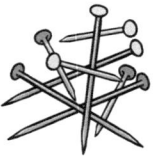

babadada

çiviler

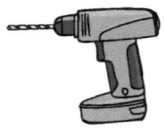

dada

matkap

dadababa

tamir etmek

dada

kürek

aua!

Kahretsin!

dada

faraş

dadaba

boya tenekesi

bababababa

vidalar

bababa

müzik enstrümanı

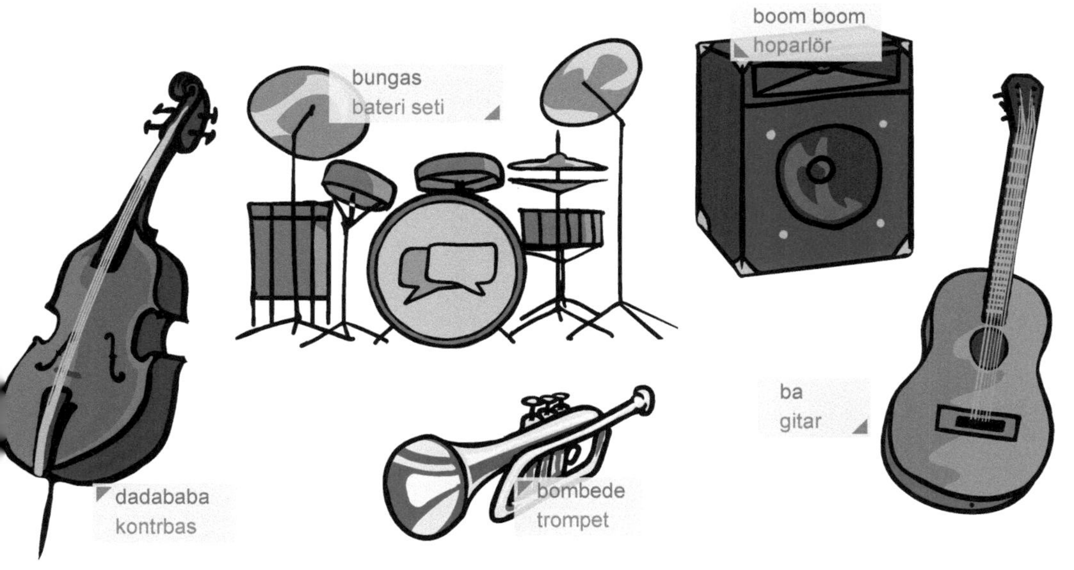

bungas
bateri seti

boom boom
hoparlör

dadababa
kontrbas

bombede
trompet

ba
gitar

bingbing

piyano

bababa

keman

ba

basgitar

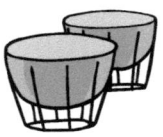

badada

timpani

bunga bunga

bateri

badada

klavye

dadababa

saksafon

dadababa

flüt

dadadada

mikrofon

bababa - müzik enstrümanı

bababa
hayvanat bahçesi

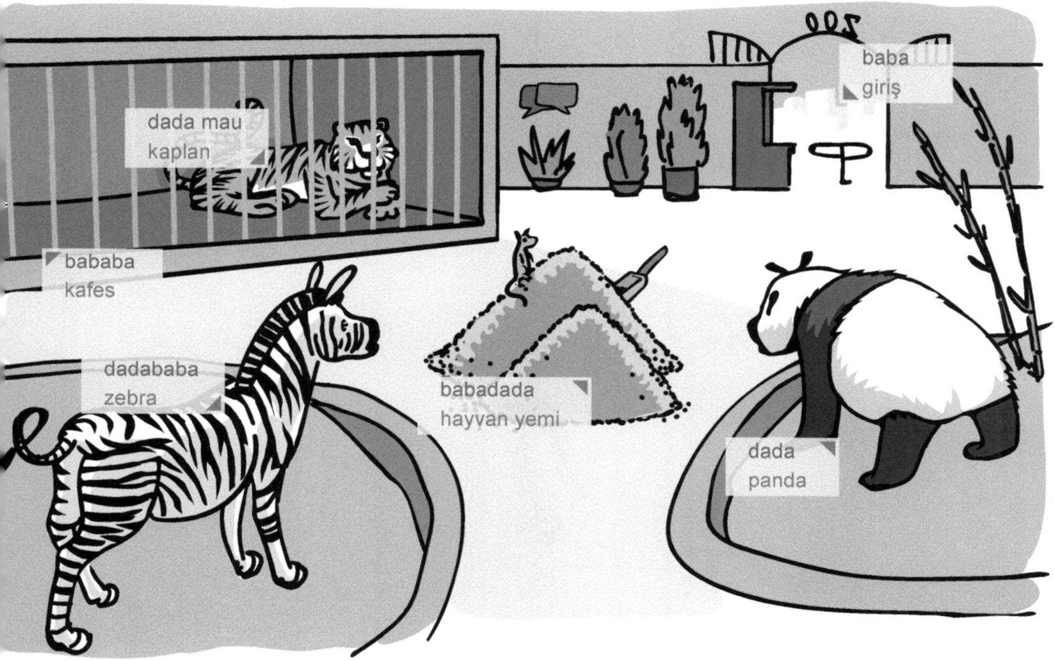

baba
giriş
dada mau
kaplan
bababa
kafes
dadababa
zebra
babadada
hayvan yemi
dada
panda

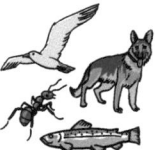

dadadada
hayvanlar

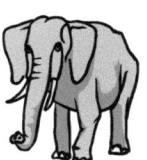

bababa
fil

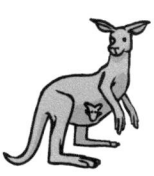

dadaba
kanguru

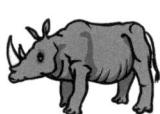

babadada
gergedan

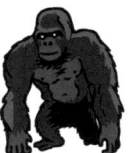

dada
goril

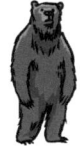

babababa
ayı

dadaba

deve

gackgack

deve kuşu

babadada

aslan

dadaba

maymun

gackgack

flamingo

bababa

papağan

bababa

kutup ayısı

dada

penguen

bababa

köpek balığı

dadaba

tavus kuşu

badada

yılan

babababa

timsah

dadadada

hayvanat bahçesi görevlisi

dada

fok

bababa

jaguar

ei!

midilli atı

dadadada

leopar

dada

su aygırı

babababa

zürafa

bababa

kartal

babadada

yaban domuzu

nom nom!

balık

dadadada

kaplumbağa

anje

mors

dadadada

tilki

bababa

ceylan

dadababa
amerikan futbolu

dadaba
bisiklete binme

bum bum
tenis

ball
basketbol

badada
yüzme

aua!
boks

baba
buz hokeyi

dadadada

futbol

badada

badminton

dadababa

atletizm

ball

hentbol

dadadada

kayak

baba

polo

dada
atlamak

bababa
sarılmak

baba
gülmek

dada
yürümek

dadababa
söylemek

dadababa
hayal etmek

dadadada
dua etmek

mama!
öpmek

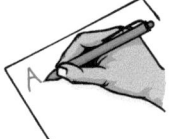

dadaba
yazmak

dada
çizmek

dadababa
göstermek

dada
itmek

badada
vermek

dadaba
almak

dadaba

sahip olmak

dadadada

yapmak

babadada

olmak

dadadada

ayakta durmak

baba

koşmak

dadababa

çekmek

dadadada

atmak

dadaba

düşmek

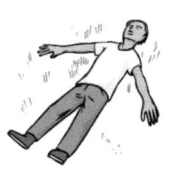

badada

yalan söylemek

dadaba

beklemek

bababa

taşımak

ba

oturmak

dadababa

giyinmek

heia!

uyumak

bababa

uyanmak

babababa

bakmak

baaaaaa

ağlamak

dadadada

vurmak

bababa

taramak

bababa

konuşmak

baba

anlamak

badada

sormak

dadababa

dinlemek

bababa

içmek

nomnom!

yemek

badada

düzenlemek

ba

sevmek

badada

pişirmek

dadababa

sürmek

dadadada

uçmak

dadababa

denize açılmak

dadababa

hesapla

dadadada

okumak

dadababa

öğrenmek

dadaba

çalışmak

baba

evlenmek

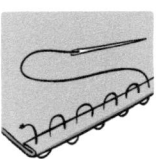

dada

dikmek

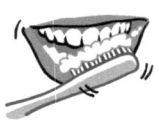

aua!

diş fırçalamak

aua!

öldürmek

dadababa

sigara içmek

bababab

yollamak

oma!
büyükanne

opa!
büyükbaba

papa!
baba

mama!
anne

bebi
bebek

ba
kız

badada
oğul

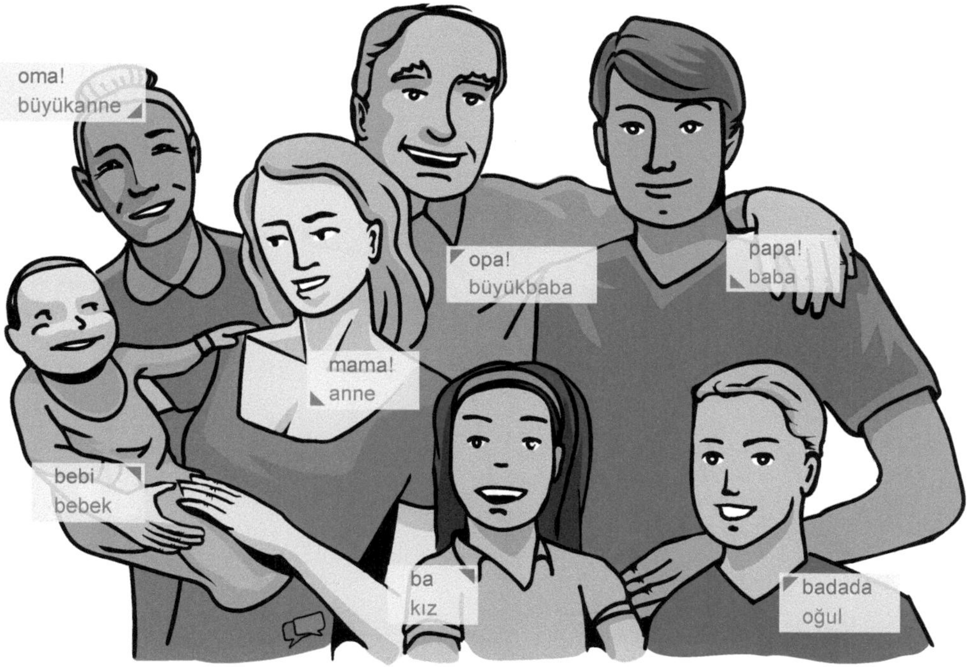

baba

misafir

ba

teyze

bababa

amca

nein!

erkek kardeş

nein!

kız kardeş

dadababa

vücut

bababa
alın
dada
göz
dada
yüz
dadababa
çene
da
göğüs
dada
parmak
baba
el
bababa
kol
bababa
omuz
dadaba
bacak

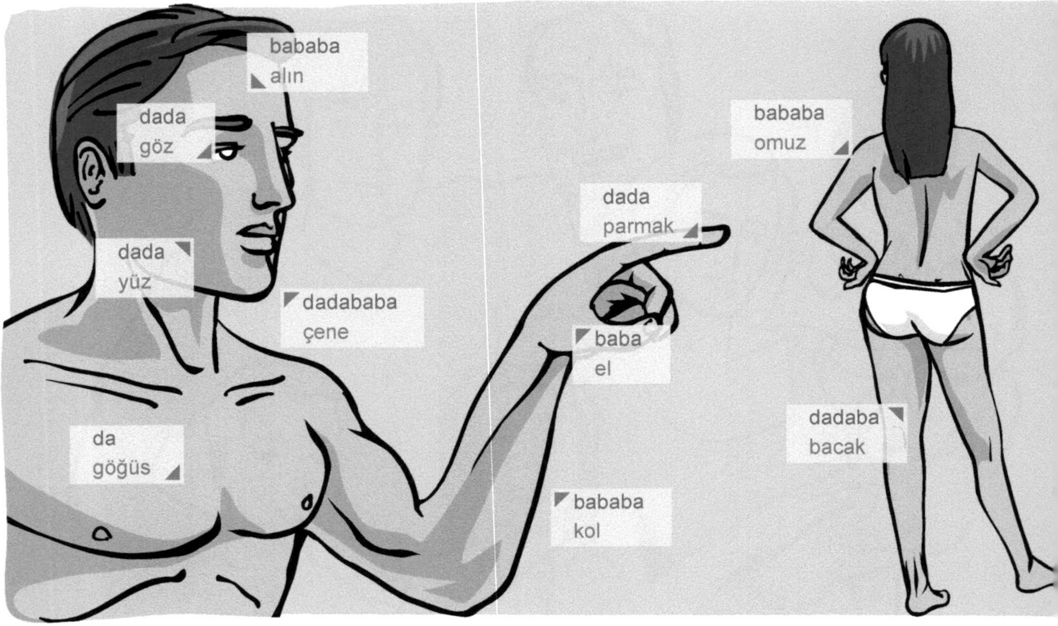

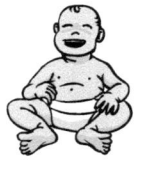

bebi

bebek

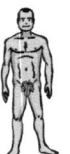

papa!

adam

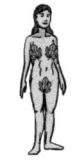

mama

kadın

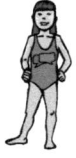

baba

kız

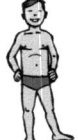

babadada

erkek çocuk

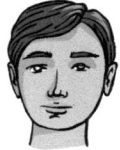

bababa

baş

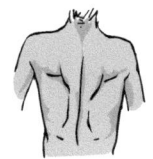

baba

sırt

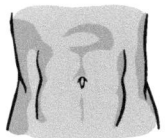

dadababa

karın

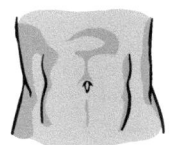

dada

göbek

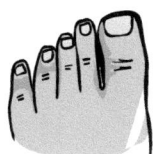

dadababa

ayak parmağı

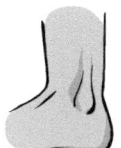

ba

topuk

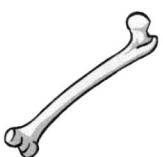

badada

kemik

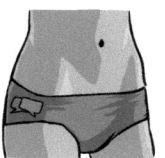

bababa

kalça

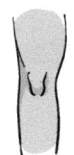

dada

diz

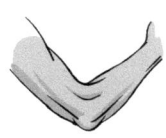

dadadada

dirsek

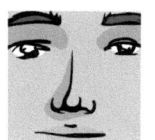

bababa

burun

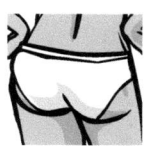

popo

kalça

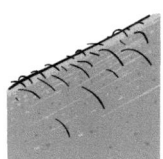

dadaba

deri

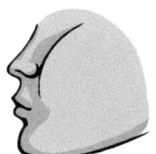

badada

yanak

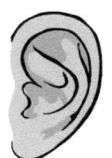

dada

kulak

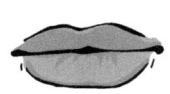

babababa

dudak

dadababa

ağız

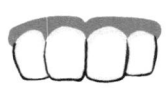

dadadada

diş

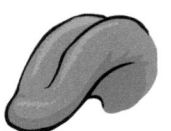

baba

dil

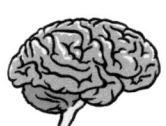

dadadada

beyin

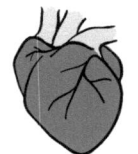

baba

kalp

dada

kas

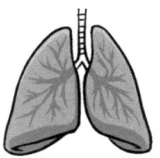

dada

akciğer

dada

karaciğer

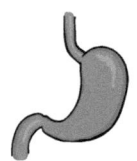

dadababa

mide

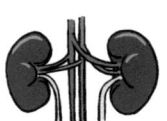

dadaba

böbrekler

babadada

seks

dada

prezervatif

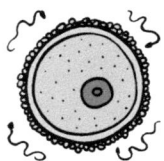

badada

yumurtalık

dadababa

sperm

dadababa

hamilelik

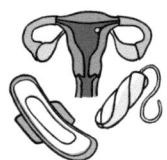

ba
regl

mumu
vajina

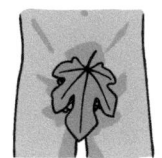

pipi
penis

dada
kaş

dadababa
saç

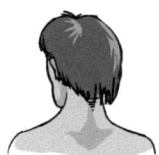

bababa
boyun

aua!
hastane

ba
ambulans

aua!
tekerlekli sandalye

aua!
kırık

aua!

doktor

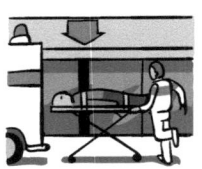

aua!

acil servis

aua!

hemşire

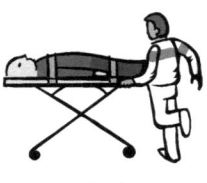

aua!

acil

aua!

baygın

dadababa

acı

aua! - hastane

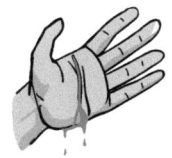

aua!

yaralanma

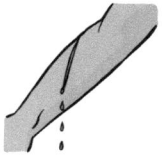

dadadada

kanama

aua!

kalp krizi

aua!

felç

dadababa

alerji

aua!

öksürük

aua!

ateş

aua!

grip

aua!

ishal

aua!

baş ağrısı

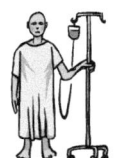

aua!

kanser

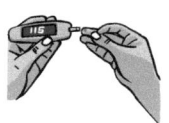

aua!

şeker hastalığı

aua!

cerrah

aua!

neşter

aua!

operasyon

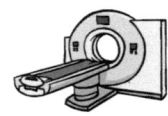

aua!

bilgisayarlı tomografi

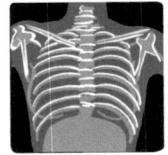

aua!

röntgen

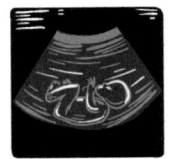

aua!

ultrason

aua!

yüz maskesi

aua!

hastalık

aua!

bekleme odası

aua!

koltuk değneği

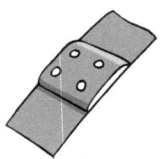

aua!

yara bandı

dadababa

bandaj

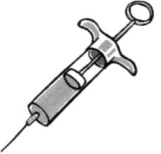

aua!

enjeksiyon

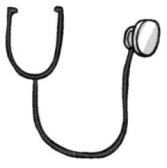

aua!

steteskop

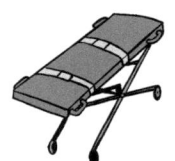

aua!

sedye

aua!

tıbbi termometre

aua! bebi!

doğum

aua!

fazla kilo

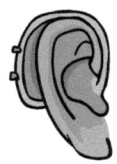

aua!

işitme cihazı

aua!

dezenfektan

aua!

enfeksiyon

aua!

virüs

aua!

HIV / AIDS

aua!

ilaç

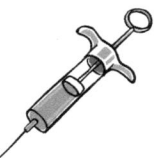

aua!

aşı

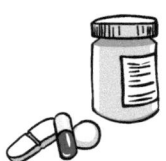

aua!

tablet

dadaba

hap

aua!

acil çağrı

aua!

tansiyon aleti

da / ba

hasta / sağlıklı

aua!

İmdat!

aua!

alarm

aua!

darp

aua!

saldırı

aua!

tehlike

dadadada

acil çıkış

dadaba

Yangın!

dadaba

yangın tüpü

aua! aua!

kaza

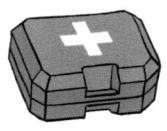

aua!

ilk yardım çantası

baba

imdat

dadadada

polis

badada

Avrupa

dadaba

Kuzey Amerika

dadababa

Güney amerika

dadaba

Afrika

dadaba

Asya

bababa

Avustralya

badada

Atlantik

dadaba

Pasifik

baba

Hint Okyanusu

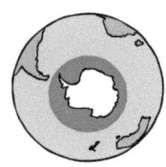

bababa

Antarktika Okyanusu

dadababa

Arktik Okyanusu

bababa

Kuzey Kutbu

dadababa

Güney Kutbu

dadaba

Antarktika

dada

dünya

dadaba

kara

badada

deniz

dadadada

ada

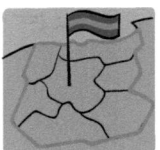

dadadada

ulus

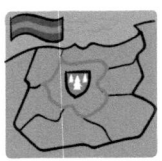

dadababa

ülke

baba

kadran

babadada

akrep

baba

yelkovan

bababa

saniye ibresi

dadababa

Saat kaç?

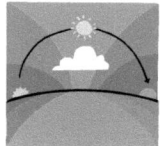

babadada

gün

dada

zaman

baba

şimdi

dadababa

dijital saat

dadababa

dakika

bababa

saat

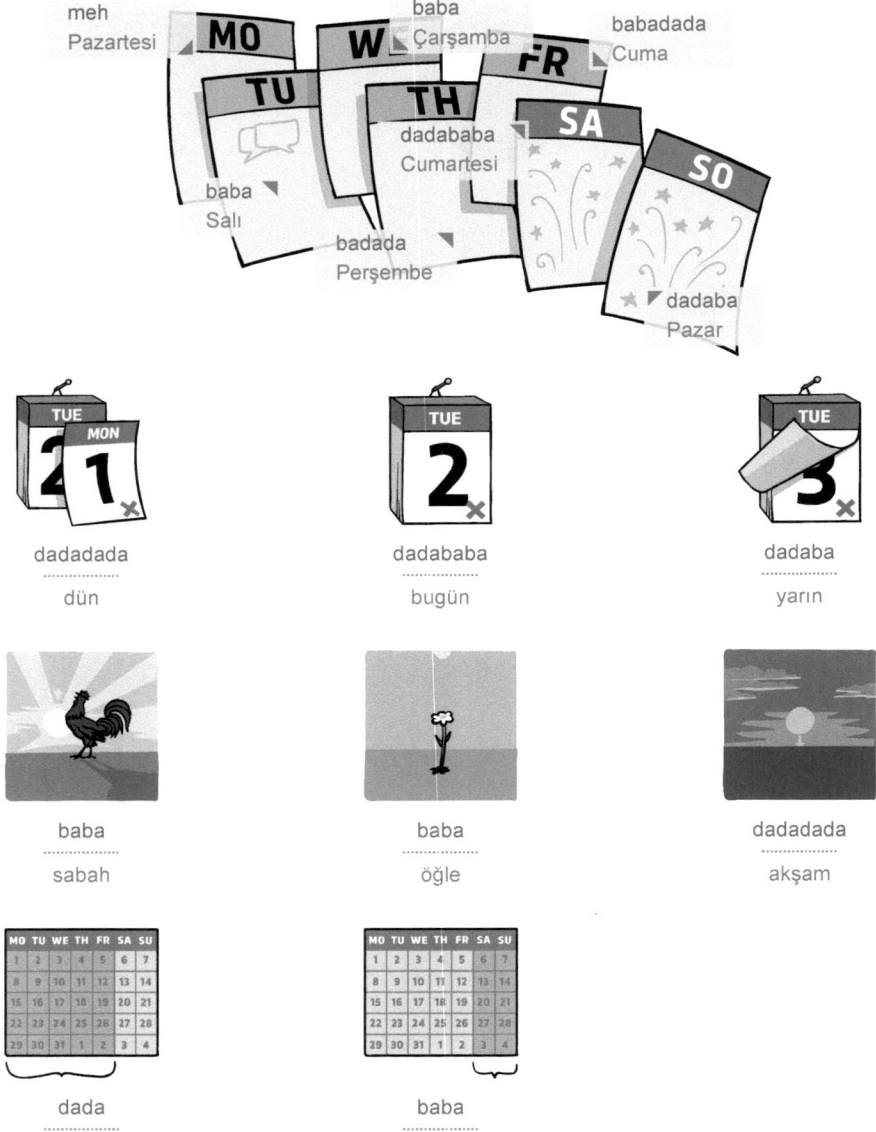

meh
Pazartesi — MO

baba
W Çarşamba

babadada
Cuma

TU

TH

FR

SA

dadababa
Cumartesi

baba
Salı

SO

badada
Perşembe

dadaba
Pazar

dadadada
....
dün

dadababa
....
bugün

dadaba
....
yarın

baba
....
sabah

baba
....
öğle

dadadada
....
akşam

dada
....
iş günleri

baba
....
hafta sonu

dadaba

yıl

dadababa
yağmur
dadaba
gökkuşağı
dadadada
rüzgar
kalt
kara
dadadada
bahar
badada
yaz
bababa
sonbahar
kalt
kış

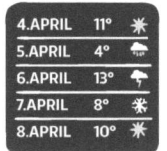

4.APRIL 11°
5.APRIL 4°
6.APRIL 13°
7.APRIL 8°
8.APRIL 10°

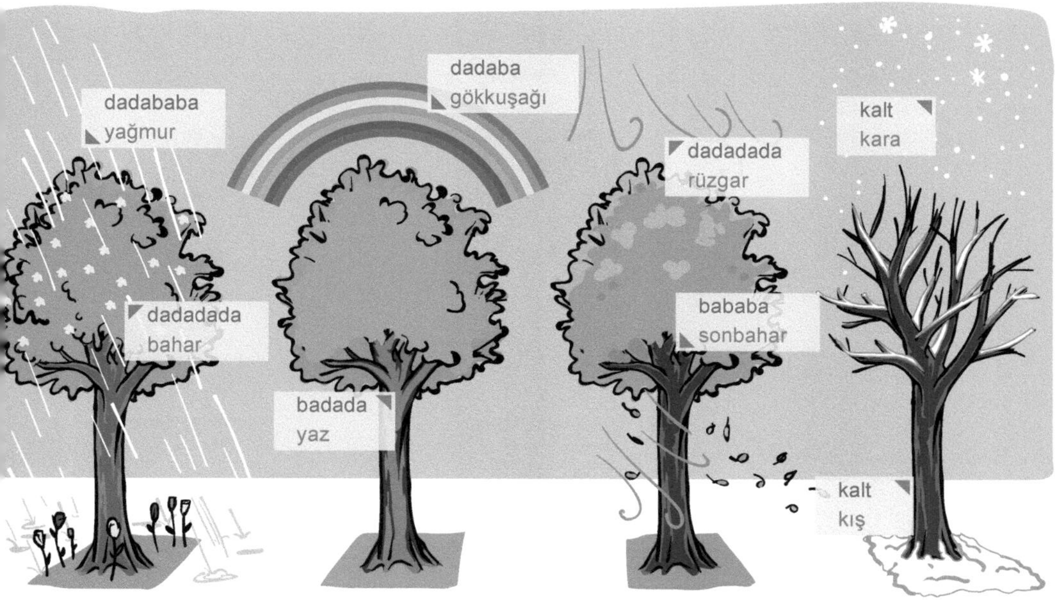

dadababa
hava durumu tahmini

F C
120 40
90 30
60 20
30 10
0 0
-30 -10
-20

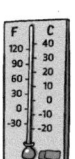

bababa
termometre

ba
güneş ışığı

baba
bulut

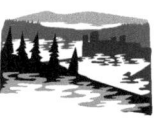

dadadada
sis

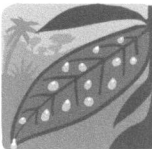

dada
nem

dadababa

şimşek

dada

gök gürültüsü

badada

fırtına

dadababa

dolu

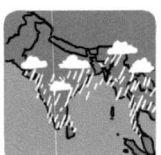

bababa

muson

dadaba

sel

dadadada

buz

dadaba

Ocak

dadaba

Şubat

bababa

Mart

dadadada

Nisan

dadadada

Mayıs

babababa

Haziran

baba

Temmuz

bababa

Ağustos

dadadada
....
Eylül

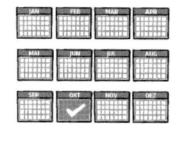

badada
....
Ekim

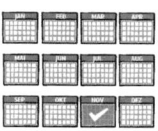

dadababa
....
Kasım

baba
....
Aralık

dadababa
şekiller

baba
....
daire

badada
....
kare

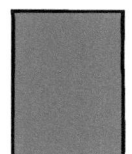

dadababa
....
dikdörtgen

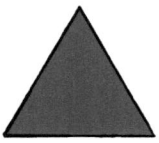

babababa
....
üçgen

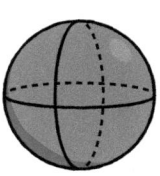

dadadada
....
küre

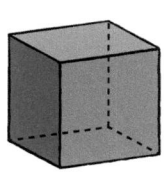

babababa
....
küp

dadababa

beyaz

babababa

sarı

baba

turuncu

dadadada

pembe

babadada

kırmızı

dadababa

mor

dadadada

mavi

ba

yeşil

baba

kahverengi

bababa

gri

badada

siyah

da / ba

çok / az

da / ba

kızgın / sakin

da / ba

güzel / çirkin

da / ba

başlangıç / son

da / ba

büyük / küçük

da / ba

parlak / karanlık

da / ba

erkek kardeş / kız kardeş

da / ba

temiz / kirli

da / bada

tamam / eksik

da / ba

gün / gece

da / ba

ölü / canlı

da / ba

geniş / dar

da / ba

yenilebilir / yenilemez

da / ba

kötü / iyi

ba / ba

heyecanlı / sıkılmış

da / ba

şişman / zayıf

ba / ba

ilk / son

da / bada

dost / düşman

da / ba

dolu / boş

da / ba

sert / yumuşak

da / ba

ağır / hafif

da / bada

açlık / susuzluk

da / ba

hasta / sağlıklı

da / ba

yasa dışı / yasal

da / ba

zeki / aptal

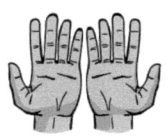

ba / ba

sol / sağ

da / ba

yakın / uzak

da / bada

yeni / kullanılmış

da / ba

hiçbir şey / bir şey

ba / ba

yaşlı / genç

da / ba

açma / kapama

da / ba

açık / kapalı

da / ba

sessiz / gürültülü

ba / ba

zengin / fakir

da / ba

doğru / yanlış

da / ba

pürüzlü / düz

ba / ba

üzgün / mutlu

da / ba

kısa / uzun

da / ba

yavaş / hızlı

da / bada

ıslak / kuru

da / bada

sıcak / serin

da / ba

savaş / barış

0

dada

sıfır

1

a

bir

2

ba

iki

3

da ba da

üç

4

badabada

dört

5

dadababa

beş

6

dadaba

altı

7

badada

yedi

8

dadababa

sekiz

9

dadaba

dokuz

10

dadadada

on

11

badada

on bir

12

baba

on iki

13

bababa

on üç

14

baba

on dört

15

babadada

on beş

16

dadababa

on altı

17

babababa

on yedi

18

dadababa

on sekiz

19

bababa

on dokuz

20

dadababa

yirmi

100

baba

yüz

1.000

baba

bin

1.000.000

dadababa

milyon

baba

İngilizce

babadada

Amerikan İngilizcesi

dadababa

Çince (Mandarin)

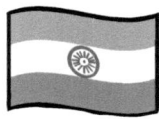

ba

Hintçe

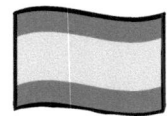

badada

İspanyolca

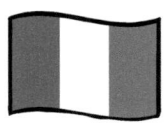

ohlala

Fransızca

babadada

Arapça

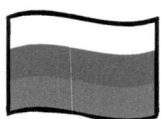

dadaba

Rusça

dada

Portekizce

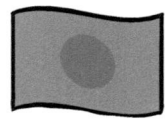

dadadada

Bengalce

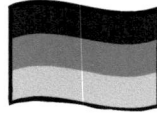

badada

Almanca

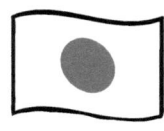

dadadada

Japonca

a

ben

dadadada

sen

da / da / da

o

o ba ma

biz

babababa

siz

baba

onlar

dadadada

kim?

dadadada

ne?

baba

nasıl?

babababa

nerede?

babadada

ne zaman?

dadaba

isim

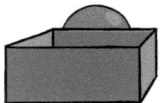

baba
....
arkasında

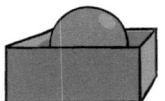

dadaba
....
içinde

baba
....
önünde

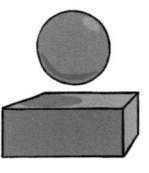

ba
....
üzerinde

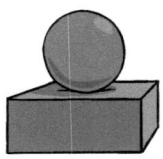

baba
....
üstünde

dadababa
....
altında

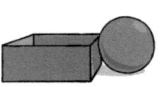

bababab
....
yanında

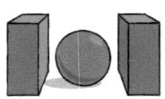

ba
....
arasında

dada
....
yer